LOS FANTASMAS DE GOYA

Basado en el guión de
Milos Forman
y Jean-Claude Carrière

NIVEL 3

SCHOLASTIC

Edi
numen

Directora de la colección: Jacquie Bloese

Adaptación: Noemí Cámara

Edición: Cecilia Bembibre

Diseño: Sergio Fernández Gallardo

Maquetación de cubierta: Edinumen

Edición gráfica: Emma Bree

Créditos: Página 5: Eserna/SXC; Topfoto.
Páginas 56 y 57: A. Pizzoli, M. Cizek/AFP, M. Buckner/Getty Images.
Páginas 58 y 59: H. Grainger/Topfoto; P. P. Marcou/AFP/Getty Images; Gallery Collection/Corbis.
Páginas 60 & 61: Topfoto; J. Steidl/iStockphoto; Hemera.

Mary Glasgow Magazines (Scholastic Ltd.)
Euston House
24 Eversholt Street
London
NW1 1DB

Impreso en Singapur.
Esta edición se imprimió en 2013.

CONTENIDOS

FRANCISCO DE GOYA es un pintor español muy famoso. Es el pintor oficial de los reyes de España. También pinta los retratos de la gente con más dinero y poder del país: los nobles y la iglesia. Además, dibuja escenas de cosas horribles.

EL PADRE LORENZO es un sacerdote muy importante de la Inquisición. Trabaja en el Santo Oficio y su jefe es el padre Gregorio. Goya pinta su retrato.

EL PADRE GREGORIO es la persona con más poder de la Inquisición, y quizás también de España. No le gustan las ideas modernas.

INÉS BILBATÚA es la hija de Tomás Bilbatúa y María Isabel. Inés tiene dieciocho años y siempre está alegre. Goya pinta su retrato. El pintor piensa que Inés es muy guapa y simpática.

TOMÁS BILBATÚA es un comerciante muy rico y vive en una casa muy grande y elegante.

CARLOS IV es el rey de España desde el año 1788 hasta el 1808. Su esposa, la reina, se llama María Luisa y es muy fea.

ALICIA es una chica muy guapa y rebelde.

LUGARES

La Puerta de Alcalá, en Madrid.

MADRID EN EL AÑO 1792 Madrid es la capital de España. Aquí vive mucha gente rica y poderosa: los reyes de España, la Inquisición, la nobleza y los comerciantes. Pero también vive gente muy pobre: gente que no tiene ni dinero, ni comida, ni casa.

CASA Y ESTUDIO DE GOYA El estudio de pintura de Goya es también su casa. Al pintor le visita mucha gente, sobre todo personas ricas que quieren un retrato del pintor más caro de España.

EL SANTO OFICIO DE LA INQUISICIÓN es la iglesia católica de España en esta época. Es un grupo de sacerdotes y monjes con mucho poder y con castigos horribles. El Santo Oficio es su lugar de trabajo.

El Santo Oficio.

LOS FANTASMAS DE GOYA

PRIMERA PARTE: 1792

CAPÍTULO 1
Problemas en la Inquisición

Los sacerdotes más importantes de España estaban en el
Santo Oficio, la oficina de la Inquisición Española. Eran
las personas con más poder del país, después de los
reyes. Estaban sentados alrededor de una mesa grande y
gruesa. La habitación era oscura, con unas ventanas muy
pequeñas, apenas había unas velas que daban luz. Las
paredes eran de piedra y tenían algunas cruces y otros
símbolos religiosos. Los sacerdotes hablaban en privado.

En la silla más importante estaba el padre Gregorio, un señor mayor, algo gordo, de pelo gris y piel morena. El padre Gregorio era la persona con más poder, por eso llevaba un traje rojo. Los trajes de los otros sacerdotes eran negros.

Encima de la mesa había unos dibujos en blanco y negro. Los sacerdotes los miraban con caras de horror. Eran dibujos de personas y cosas horribles, de sangre, de dolor y de terror.

—¿Y dices que estos dibujos se venden en las librerías? —preguntó el padre Gregorio.

—También en las calles de Toledo, Salamanca y Sevilla*, padre —respondió otro sacerdote.

—¡Las ciudades más importantes del país! —dijo otro sacerdote bajo y calvo.

—¿Cuál es el nombre del artista? —preguntó el padre Gregorio.

—Goya. Francisco de Goya —respondió otro sacerdote.

—¿No es Goya quien está pintando tu retrato, padre Lorenzo? —preguntó el padre Gregorio.

—Sí, padre —respondió con voz suave el padre Lorenzo, un sacerdote más joven.

—¿Por qué lo elegiste a él? —preguntó de nuevo el padre Gregorio.

—Padre, Goya es el mejor artista de España. También es el artista oficial del rey —dijo serio el padre Lorenzo.

—¡Pero estos dibujos son horribles! —dijo el padre Gregorio.

Los demás sacerdotes estuvieron de acuerdo.

—El mal no está en estos dibujos, padre —respondió el padre Lorenzo—. El mal está en la gente de la calle.

* Toledo, Salamanca y Sevilla: grandes ciudades españolas.

La gente que está en contra de la religión. ¡Nuestra religión!

—¿Qué quieres decir, padre Lorenzo? —preguntó el padre Gregorio.

El padre Lorenzo miró a su superior. Tenía unos ojos grandes y poderosos. Era un hombre tranquilo, pero de fuerte carácter.

—Es muy sencillo —respondió el padre Lorenzo—. ¿A cuántas personas mató la Inquisición en los últimos cincuenta años?

Los sacerdotes se miraron con curiosidad. No entendían qué quería decir el padre Lorenzo.

—¡La Inquisición mató a ocho personas! ¡Solo a ocho personas! —gritó el padre Lorenzo—. Debemos controlar a la gente. Vivimos tiempos difíciles. Las ideas que vienen de Francia son muy liberales, muy peligrosas para los españoles. Con el tiempo, la gente será liberal. No queremos que pase eso. ¡Debemos ser más duros!

Los sacerdotes se miraron. El padre Lorenzo siguió hablando.

—Hermanos —dijo—, abrid los ojos. Escuchad las conversaciones. Tomad notas. Luego, venid aquí. Después castigaremos a los que están en contra de nuestra religión. Así la gente respetará a la iglesia, ¡la gente respetará a la Inquisición!

—Tienes razón, padre Lorenzo. Tienes mi permiso para espiar y castigar a la gente. La gente debe respetar a la iglesia —dijo el padre Gregorio.

Capítulo 2
Goya, un pintor muy importante

Goya trabajaba en su estudio. Era un hombre alto y gordo, de cara redonda y brazos ágiles. Su estudio era una habitación enorme, de techos altos. Estaba llena de retratos, pinturas y pinceles. En el suelo había un perro viejo, que era el amigo fiel del pintor. Goya estaba pintando un retrato enorme. Era de Inés, una chica muy guapa y alegre. Inés posaba para el pintor.

Inés miró hacia la pared. Allí había un retrato de un hombre. Un hombre sin cara.

—¿Porqué ese hombre no tiene cara? —preguntó Inés.

Goya miró hacia el retrato.

—Porque es un fantasma —respondió el pintor.

—¿Un fantasma? —preguntó Inés con curiosidad.

Goya sonrió. Al pintor le gustaba hacer bromas con Inés, ella era una chica inocente y joven a la que le gustaba reír.

—¿Has visto alguna vez un fantasma? —preguntó Goya.

—No —respondió Inés —pero un día vi a una bruja. Era una mujer fea y horrible y olía mal.

Goya sonrió.

—¡Qué interesante! —dijo—. La bruja que yo conozco huele bien, es joven y guapa... y estoy pintando su retrato ahora mismo.

—¡Ja, ja, ja! —se rieron los dos.

✶✶✶

Más tarde, Goya seguía en su estudio. Todavía pintaba. Era un hombre que trabajaba mucho, día y noche. A menudo, sobre todo cuando tenía que acabar una pintura, no dormía en toda la noche. Ahora tenía otro modelo. Era el padre Lorenzo. Goya pintaba rápido y en silencio. El padre Lorenzo, de vez en cuando, miraba a su alrededor. Miraba los retratos de otras personas.

—¿Puedo hablar? —preguntó el padre Lorenzo.

—Claro, padre —respondió Goya con una sonrisa.

El padre Lorenzo señaló el retrato de Inés.

—La chica de ese retrato —dijo—, es muy guapa.

—Sí. Sí lo es —dijo Goya.

—¿Se enamoran los artistas de sus modelos? —preguntó de nuevo el padre Lorenzo.

Goya se sorprendió. Sonrió. Pero sabía que hablar con un sacerdote de estas cosas podía ser peligroso. El padre Lorenzo era una persona muy importante en la Inquisición. Goya no contestó. Dijo: —¿Quiere que se vean sus manos en el retrato?

—¿Es eso importante? —preguntó el padre Lorenzo.

—Bueno —dijo Goya—, las manos son difíciles de pintar. Una mano cuesta 2000 reales*, dos manos cuestan 3000.

El padre Lorenzo escondió las manos bajo su ropa. Luego señaló las pinturas de la habitación.

* Real: moneda antigua que se usaba en España..

—Pinta usted retratos muy bonitos —dijo.

—Muchas gracias —dijo Goya.

—Pero también pinta dibujos horribles, ¿no? —preguntó el sacerdote.

Los hombres se miraron. Goya siguió pintando.

—¿Sabe usted que tiene enemigos con mucho poder? —dijo el padre Lorenzo.

Goya sonrió.

—También tengo amigos con mucho poder —dijo.

Los dos hombres sonrieron.

Goya hablaba del rey Carlos IV y de la reina María Luisa. Él era el pintor oficial de los reyes y pasaba mucho tiempo con ellos.

Inés cumplía dieciocho años. Para celebrarlo fue con sus hermanos mayores, Ángel y Álvaro, y unos amigos a una taberna. Era un lugar alegre, con mucha gente y mucha comida. Había bailarinas y música. La gente hablaba, se reía, jugaba a las cartas. A un lado de la sala, había una gran chimenea. Allí se preparaba la comida: conejo, cerdo, aves, verduras... Los camareros iban y venían rápidamente. A otro lado de la sala había unos hombres muy serios. Los hombres eran mayores y vestían de negro.

También tomaban notas: trabajaban para la Inquisición.

La mesa de Inés era la más alegre. Los jóvenes comían y se reían. Dos camareros les sirvieron más comida. A Inés le mostraron un plato enorme con un pequeño cerdo. El cerdo brillaba bajo la luz.

—¡Qué asco! —dijo Inés— ¡La carne de cerdo no me gusta!

Los demás jóvenes se rieron.

A lo lejos, los hombres vestidos de negro tomaban notas. Uno de ellos preguntó a la camarera: —¿Quién es aquella chica?

—Inés Bilbatúa —respondió la camarera.

Al día siguiente, un mensajero llevó una carta a la casa de la familia Bilbatúa. El señor Bilbatúa la abrió y la leyó. Era una invitación para Inés, su hija. La Inquisición quería hablar con ella.

—¡Inés! ¡Ven aquí! —llamó el señor Bilbatúa a su hija.

Tomás Bilbatúa era un señor elegante, de pelo gris y muy rico. Era un comerciante y amaba a su mujer, María Isabel, y a sus tres hijos.

—¿Qué pasa, papá? —preguntó Inés.

—Esto es una carta para ti. Es de la Inquisición. Quieren hablar contigo.

Los hermanos y la madre de Inés se acercaron.

—¿Conmigo? —preguntó Inés.

—¿Qué hiciste ayer? —dijo su padre.

—Celebré mi cumpleaños en la taberna, con mis hermanos.

Sus hermanos dijeron que sí con la cabeza.

—¿Dijiste algo prohibido?

—No.

—¿Hiciste algo prohibido?

—No.

—¿Pasó algo?

—No —respondió de nuevo Inés.

Los padres y los hermanos de Inés miraron al suelo, preocupados.

✳ ✳ ✳

Más tarde, Tomás Bilbatúa y su hija llegaron al Santo Oficio en su bonito carruaje negro. Inés llevaba un vestido precioso y muy caro, de color morado y mangas elegantes. También llevaba guantes grises y unos zapatos negros de piel. Su padre la tomó de la mano. Le dio la carta de la Inquisición y llamó a la puerta.

En la puerta se abrió una ventana pequeña. A través de ella, se vio la cara de un hombre. Inés mostró la carta. La ventanilla se cerró de pronto. La enorme y pesada puerta de madera se abrió. Inés miró a su padre. Padre e hija se dieron un beso.

—Te quiero —dijo Inés al despedirse. Luego entró en el edificio de piedra. La puerta se cerró tras ella con un golpe fuerte.

Capítulo 3
«¡Dije la verdad!»

La sala de entrevistas de la Inquisición era un lugar pequeño y oscuro. En el centro había una mesa de madera y sobre ella, algunas velas. Inés se sentó en una de las sillas. Estaba sola. Tenía frío y miedo.

Minutos después, entraron dos monjes y un sacerdote. Inés se levantó. Besó la mano del sacerdote. Los hombres se sentaron en un banco, enfrente de Inés. El sacerdote le dijo a Inés que se sentara. Luego le preguntó: —¿Eres Inés Bilbatúa, hija de Tomás Bilbatúa y su esposa María Isabel?

—Sí, lo soy —dijo Inés sonriendo.

—Tenemos que hacerte unas preguntas.

—Claro —dijo Inés.

—¿Es cierto que el miércoles pasado cenaste en la taberna de Doña Julia? —preguntó el sacerdote.

—Sí. Es cierto —respondió la joven, tímida.

El sacerdote sonrió. Luego, le preguntó: —¿Qué cenaste esa noche?

—¿Qué cené? ¿Qué cosas cené? —preguntó Inés sorprendida.

—Sí —respondió serio el sacerdote.

—Pues... pollo, cebollas, verduras...

—¿Y?

Inés pensó. Luego respondió: —Patatas, pimientos verdes...

—¿Te sirvieron cerdo? —preguntó el sacerdote.

—Sí pero yo no comí porque no me gusta —dijo ella.

—¿No te gusta el cerdo? —preguntó de nuevo el hombre.

—No, no me gusta su sabor —sonrió ella, incómoda. Todas esas preguntas la estaban poniendo nerviosa. «Me quiero ir a casa, este lugar me da miedo. Pero son sacerdotes, debo hacer lo que me digan», pensó.

—Muestra que no te gusta —dijo él.

—¿Cómo puedo hacer eso, padre? —preguntó Inés.

✴ ✴ ✴

Los monjes acompañaron a Inés a una sala aún más pequeña y más oscura. Era húmeda. Olía mal. Un monje bajito y calvo ató las manos de Inés con una cuerda. La cuerda colgaba del techo.

—¡AGHGHGGHGH! ¡Socorro! ¡Qué dolor! —gritó Inés.

Un monje soltó la cuerda. Inés miró al sacerdote.

—¿Dijiste la verdad? ¿El cerdo no te gusta? —dijo el hombre.

—¡Sí! ¡Dije la verdad! —dijo Inés llorando.

—Nosotros creemos que mientes —dijo el sacerdote.

—¿Por qué? —preguntó Inés, todavía llorando.

El sacerdote la miró seriamente y le dijo: —Creemos que no eres cristiana. Creemos que eres judía*. Por eso no comiste cerdo.

—¡No es cierto! ¡No lo comí porque no me gusta! ¡Dije la verdad!

Un monje tiró de la cuerda. Inés gritaba y lloraba. El dolor era imposible de aguantar.

—¡Firma la confesión! —gritó el sacerdote.

—¡AGHGHGGHGH! ¡Socorro! ¡Qué dolor! —gritó Inés.

—¡Firma la confesión! —gritó otra vez el sacerdote.

✴ ✴ ✴

* Judía: una mujer que practica el judaísmo.

Más tarde, por la noche, Goya estaba en su estudio. Estaba pintando. Siempre trabajaba hasta muy tarde. En su estudio había velas por todas partes. Goya pintaba el retrato de un noble comerciante. Alguien llamó a la puerta. El perro del pintor ladró. Goya se sorprendió, era muy tarde. Abrió la puerta. Era Tomás Bilbatúa, el padre de Inés. Los dos hombres eran buenos amigos.

—¡Qué alegría, Tomás! —dijo Goya sonriendo.

—Hola, Francisco —dijo Tomás. Luego preguntó:

—¿Estamos solos?

Goya lo miró. Tomás estaba muy serio.

—Sí —respondió el pintor.

Tomás señaló una pintura en la pared. Era el retrato del padre Lorenzo.

—Necesito hablar con ese hombre —dijo.

—¿Por qué? —preguntó Goya.

—Es mi hija Inés. La Inquisición la entrevistó esta mañana. Todavía está allí. Estoy preocupado —respondió Tomás.

El pintor se sorprendió.

—No sé, Tomás... no puedo pedir favores a la Inquisición —dijo el pintor.

—Por favor, Francisco. Eres mi amigo —dijo Tomás preocupado.

CAPÍTULO 4
La donación

El padre Lorenzo fue al estudio de Goya. Su retrato ya estaba listo. Goya saludó al sacerdote y le besó la mano. El padre Lorenzo miró a su alrededor.

—¡Padre Lorenzo, adelante! —dijo Goya de buen humor. Le invitó a entrar a su estudio. Allí había un retrato. Encima de la pintura había una gran tela. Goya levantó la tela y mostró el retrato al padre Lorenzo. El sacerdote lo miró con atención.

—Qué interesante... —dijo mirando el retrato.

—¿Le gusta? —preguntó Goya.

—Me gusta mucho. Sí. Mucho. Tiene usted talento, Goya. Goya sonrió.

—El retrato ya está pagado —dijo.

—¿Ya está pagado? ¿Quién lo pagó? —preguntó el sacerdote con curiosidad.

—Tomás Bilbatúa, un hombre muy rico. Además dio dinero para la Iglesia de Santo Tomás —contestó el pintor—. Dio dinero para que yo pinte allí unos ángeles enormes. ¡Es un buen trabajo para mí! —dijo Goya sonriendo.

—Y... ¿qué quiere el señor Bilbatúa de mí?

—Es su hija, padre —respondió el pintor seriamente—. La Inquisición la entrevistó. Todavía está allí. El señor Bilbatúa está preocupado.

—Ya veo... —dijo el sacerdote con seriedad.

Goya lo miró. «Tengo que tener cuidado. No quiero que el padre Lorenzo piense que no respeto la Inquisición» —pensó—. «Pero Tomás es mi amigo y quiero ayudarlo». Era una situación muy difícil. Debía elegir muy bien sus palabras.

—El señor Bilbatúa es un buen hombre. Lo conozco bien —insistió con diplomacia, y acompañó al sacerdote hasta la puerta.

Horas más tarde, el padre Lorenzo fue a la prisión de la Inquisición. Bajó por unas duras escaleras de piedra hasta

el sótano. Era un lugar frío, muy oscuro, con apenas un par de luces.

Un hombre gordo y con barba larga, sacó una enorme llave de debajo de su ropa y abrió una puerta de madera. El padre Lorenzo entró por un pasillo y vio una docena de mujeres y hombres sucios y con la ropa rota. El lugar olía mal y el padre Lorenzo se tapó la nariz. Desde otras habitaciones se oían gritos. Aquel sitio era horrible. El hombre gordo y con barba larga abrió una puerta pequeña. En el suelo estaba Inés. Tenía frío. Tenía miedo.

—¿Inés Bilbatúa? —preguntó el padre Lorenzo.

—Sí... —dijo Inés en voz baja.

El sacerdote se sacó el abrigo y se lo dio a la chica.

—No tengas miedo —dijo el padre Lorenzo— vine a verte para saber si necesitas ayuda.

—¿Puedo ir a casa? —preguntó ella.

—No tengo poder para decidir eso, Inés —contestó él.

Inés se puso a llorar.

—Quiero volver a casa, a mi casa —dijo.

El padre Lorenzo le puso la mano en la cabeza y le dijo:
—No tengas miedo. Luego se sentó junto a ella.

—¿Quieres que le envíe un mensaje a tu familia? —preguntó.

Inés lloró.

—Sí, por favor. Dígales que les quiero mucho y que cuando cierro los ojos, pienso en ellos y en volver a verlos.

—¿Quieres que recemos? —preguntó el padre Lorenzo.

—Sí, por favor.

Inés y el sacerdote rezaron en latín. Se abrazaron. Y luego se besaron.

Capítulo 5
Una cena con sorpresa

Era de noche. El padre Lorenzo y Goya fueron a casa de Tomás Bilbatúa a cenar. Los hombres entraron en el edificio, era una casa grande y elegante. Goya presentó a Tomás y al sacerdote.

—¡Padre Lorenzo! ¡Qué honor! —dijo el señor Bilbatúa besándole la mano.

El padre Lorenzo saludó con la cabeza y sonrió.

Tomás Bilbatúa se acercó a sus hijos.

—Le presento a mis hijos, Ángel y Álvaro —dijo.

El sacerdote, de nuevo, les saludó con la cabeza y los chicos le besaron la mano.

Luego, el señor Bilbatúa se dirigió hacia su esposa, una mujer de cara tranquila y agradable, muy elegantemente vestida.

—Y esta es mi mujer, María Isabel.

—Bienvenido a nuestro hogar —dijo la mujer.

Todos entraron a una sala de paredes rojas. Allí había muchos retratos, relojes y joyas. También había sillas caras, velas y cortinas pesadas. Dos hombres del servicio estaban de pie, no miraban a nadie.

Tomás Bilbatúa se dirigió a una caja llena de monedas.

—Aquí está el dinero para el convento de Santo Tomás.

Pero el padre Lorenzo no miró la caja con el dinero. Miró a la pared y vio el retrato de Inés que Goya había pintado. Lorenzo sonrió.

Tomás Bilbatúa miró al sacerdote y dijo: —Es mi hija, Inés. Siento que ella no cene con nosotros esta noche.

—Es un buenísimo retrato, Goya. Le felicito —le dijo el sacerdote al pintor.

Poco después, la familia Bilbatúa y el sacerdote se

sentaron a la mesa para cenar. La comida era buenísima: el mejor vino del norte, la mejor carne de Madrid y el mejor pescado de Andalucía*. El servicio sirvió la cena de forma elegante.

—Creo que quieren saber algo de Inés... —dijo de repente el padre Lorenzo.

—¡Nunca pasó la noche fuera de casa! Estamos preocupados, ¿está bien mi niña? —preguntó María Isabel.

—Ella está bien —dijo el sacerdote—, les envía recuerdos.

—¿Cuándo podrá venir a casa? —preguntó el padre de Inés.

—Es un tema difícil... —dijo el sacerdote— Inés confesó ser judía.

Los padres y hermanos de Inés se miraron. Estaban sorprendidos.

—¿Confesó ser judía? —preguntó el señor Bilbatúa.

—Así es. Inés confesó —respondió el sacerdote.

—¡Pero ella no es judía! —dijo el padre de Inés.

—Perdone pero... ¿hicieron daño a Inés? —preguntó Ángel, el hermano mayor de Inés.

—Los monjes entrevistaron a Inés —respondió el padre Lorenzo con una sonrisa.

—¡Le hicieron daño! —dijo Ángel en voz alta.

Goya escuchó la conversación atentamente y dijo:

* Andalucía: región del sur de España.

—Perdone, padre, si alguien me hiciera daño, yo también confesaría cualquier cosa. Si alguien me hiciera daño... ¡hasta confesaría que soy un rey!

Todos se rieron.

—No, Goya. No lo harías. Dios te daría fuerza para no hacer eso —dijo el padre Lorenzo.

—Pero si el dolor es muy fuerte... —dijo Goya.

—Si el dolor es muy fuerte, Dios te da la fuerza para aguantarlo. No confesarías —dijo muy serio el sacerdote.

—Padre Lorenzo —dijo Tomás Bilbatúa —si yo escribiera en un papel que usted es el padre Lorenzo, hijo de un chimpancé y un orangután, ¿lo firmaría?

El padre Lorenzo miró al señor Bilbatúa. No entendía muy bien el significado de la pregunta. Luego dijo: —¡Por supuesto que no!

Goya se rió. Pero Tomás Bilbatúa hablaba en serio. El padre de Inés salió de la habitación, enfadado.

—Mi marido siempre hace bromas —dijo la madre de Inés algo nerviosa.

—Siempre hace bromas —dijo Goya.

—No es broma. Mi padre habla en serio —dijo Álvaro.

Apenas dos minutos más tarde, Tomás Bilbatúa entró de nuevo en el comedor. Tenía una carta en la mano. Se la mostró al padre Lorenzo. El sacerdote la leyó. Luego lo miró. «Sin duda, esto es una broma» —pensó—. «Una broma de mal gusto».

Tomás leyó la carta en voz alta: 'Yo, Lorenzo Casamares, miembro de la Santa Inquisición, confieso que soy hijo de un chimpancé y un orangután y quiero hacer daño a la iglesia'.

—Firme la carta —le dijo Tomás Bilbatúa al sacerdote.

Goya se rió y dijo: —¿Es una broma, Tomás?

—No lo es —dijo el señor Bilbatúa.

El padre Lorenzo se levantó de la silla, enfadado.

—¡Vámonos de esta casa, Goya! —dijo.

Goya se levantó y caminó hacia la puerta. Unos pasos detrás, le siguió el sacerdote.

—¡No! —gritó el padre de Inés —Goya, tú puedes irte a casa. Padre Lorenzo, usted se queda aquí.

Dos ayudantes de la familia Bilbatúa tomaron al sacerdote por los brazos. Luego, con la ayuda de los hermanos de Inés, le ataron las manos con una cuerda. La cuerda colgaba del techo.

—¡Socorro! ¡Qué dolor! —gritó el padre Lorenzo.

—¡Confiese que es hijo de un chimpancé y un orangután! —gritó el padre de Inés.

—¡Nunca lo confesaré! —respondió el sacerdote.

Ángel y Álvaro le hicieron más daño.

—¡Confiese que es hijo de un chimpancé y un orangután! —gritó de nuevo el padre de Inés.

Pocos minutos más tarde el dolor era horrible, insoportable. Finalmente, el padre Lorenzo confesó y firmó el papel.

—Siento hacer esto —dijo Tomás Bilbatúa —pero cualquier padre haría esto. Mi hija es inocente. Por favor, sáquela de la prisión, si no lo hace, enviaré su confesión a sus superiores en la Inquisición.

El padre Lorenzo se fue de la casa de los Bilbatúa, con mucho dolor en los brazos, y muy enfadado.

Capítulo 6
«No podemos hacer nada por ella»

Al día siguiente el padre Lorenzo fue al Santo Oficio. Allí le esperaba el padre Gregorio, junto a otros monjes ancianos. El padre Lorenzo tomó la mano de su superior y la besó. El padre Gregorio le invitó a pasar a su oficina. Los demás monjes los siguieron. La sala donde trabajaba el padre Gregorio era, como las demás del Santo Oficio, muy sencilla. Era un espacio oscuro, de paredes de piedra, con pocos muebles y apenas algunas velas. El padre Lorenzo puso la caja de monedas del señor Bilbatúa encima de la mesa.

—Padre, aquí tiene la donación del señor Bilbatúa —dijo el padre Lorenzo con la cabeza baja.

El padre Gregorio abrió la caja. Estaba llena de monedas de oro. Era casi imposible saber cuánto dinero había allí. Pero había mucho.

—Es... es una ayuda muy generosa —dijo el padre Gregorio—. Por supuesto le damos las gracias.

El padre Lorenzo sonrió. Luego dijo: —El señor Bilbatúa quiere algo a cambio, padre.

Los monjes se miraron. El padre Gregorio dijo: —Claro. Eso siempre pasa. ¿Qué quiere el señor Bilbatúa?

El padre Lorenzo

estaba preocupado. Pensaba en la carta que el padre de Inés había escrito. La confesión que él mismo había firmado.

—El señor Bilbatúa quiere que su hija vuelva. Ella... su hija Inés está aquí... en el Santo Oficio —dijo el sacerdote.

—¿Aquí con nosotros? ¿En el Santo Oficio? ¿Por qué? —preguntó el padre Gregorio.

—Inés es judía —dijo uno de los monjes.

—¿Judía? —preguntó de nuevo el padre Gregorio.

—Firmó una confesión —dijo el padre Lorenzo.

Los monjes miraron al padre Gregorio, muy sorprendidos y serios. El padre pensó durante unos minutos.

—Y... ¿cuál fue tu respuesta? ¿qué le dijiste a Tomás Bilbatúa? —preguntó finalmente.

—Dije... dije que hablaría con usted, padre. Verá... su padre dice que Inés no es judía, es cristiana. Además, ella es tan joven... está en la prisión y...

—Pero ella confesó... —dijo el padre Gregorio.

—Sí, padre —dijo el padre Lorenzo.

—Entonces... no podemos hacer nada por ella. Con este dinero arreglaremos el convento de Santo Tomás y pondremos una piedra con el nombre de Tomás Bilbatúa.

Pero Inés Bilbatúa firmó una confesión. Por ella… no podemos hacer nada. Lo siento, Lorenzo —dijo el padre Gregorio.

Los monjes se miraron contentos. El padre Lorenzo bajó la cabeza y miró al suelo.

El padre Gregorio y los demás monjes se levantaron y salieron de la habitación.

✳ ✳ ✳

Poco más tarde el padre Lorenzo bajó por las escaleras de piedra hacia la prisión. Quería ver a Inés. Allí, en la misma pequeña habitación de antes, oscura y fría, estaba Inés, en el suelo, con el pelo sucio y poca ropa. Tenía mucho frío.

Al ver al padre Lorenzo, Inés se levantó del suelo.

—¿Vio a mi familia? —preguntó Inés.

—Sí. Te quieren mucho, Inés. Están haciendo lo que pueden para sacarte de aquí.

El padre Lorenzo se acercó a Inés.

Inés lo abrazó con fuerza. Estaba muy agradecida. De nuevo, se besaron.

Capítulo 7
El padre Lorenzo desaparece

En el Santo Oficio, unos monjes entregaron una carta al padre Gregorio. El padre Gregorio abrió la carta. La leyó con cuidado. Era la confesión del padre Lorenzo. En ella, el sacerdote decía:

'Yo, Lorenzo Casamares, miembro de la Santa Inquisición, confieso que soy hijo de un chimpancé y un orangután y quiero hacer daño a la iglesia'.

El padre Gregorio estaba serio. Miró al monje de la carta y le preguntó: —La firma de la carta, ¿es de verdad la firma del padre Lorenzo?

—Si, padre. Es auténtica. La confesión es auténtica —contestó el monje.

✳ ✳ ✳

Minutos después, unos monjes llegaron al estudio de Goya. Llamaron a la puerta durante un largo rato. El pintor estaba dentro, trabajando, pero no los oía. Finalmente, cuando los golpes en la puerta se hicieron muy fuertes, Goya oyó un ruido. Abrió la puerta y vio a los monjes.

—¿Es verdad que está usted pintando un retrato del padre Lorenzo Casamares? —preguntó uno de los monjes.

—Sí —respondió Goya—. ¡Qué suerte que estén ustedes aquí! ¡El retrato está listo!

—Muy bien —dijo a los otros monjes—. ¡Tomad el retrato de Lorenzo Casamares!

—Espero que le guste el retrato —dijo el pintor.

El monje lo miró con seriedad. Luego dijo: —Lorenzo Casamares ya no es sacerdote. Hizo algo malo. Firmó una confesión horrible. Lo buscamos.

—¿El padre Lorenzo firmó una confesión? —preguntó Goya.

—Sí. Y ahora es un fugitivo. Si lo ve, díganoslo.

Goya se sorprendió. «¿El padre Lorenzo, un fugitivo? ¡Qué horror!», pensó.

✳ ✳ ✳

Al día siguiente mucha gente de Madrid fue a la Plaza Mayor. La plaza era enorme. Estaba llena de gente. La gente gritaba: —¡Fuera! ¡Fuera el padre Lorenzo Casamares!

Goya también estaba allí. Miraba a su alrededor, miraba a la gente. Allí había hombres, mujeres y niños. Goya no oía bien. Poco a poco estaba perdiendo el oído. De repente, la puerta de la iglesia se abrió y de ella salieron unos monjes y el padre Gregorio. Los monjes estaban enfadados. Llevaban unos objetos muy pesados sobre sus hombros. Goya se acercó para ver bien. Los objetos eran cosas del padre Lorenzo, entre ellas, el retrato que él mismo había acabado unos días antes.

—¡Fuera! ¡Fuera el padre Lorenzo Casamares! —gritaba la gente.

Los monjes que llevaban los objetos del padre Lorenzo

caminaron hacia el centro de la plaza. Allí subieron a un escenario de madera. Pusieron el retrato justo en el centro. Luego lo quemaron.

—¡Fuera Casamares! —seguía gritando la gente.

Uno de los monjes se puso de pie en una silla del escenario.

—¡Este hombre es ahora un fugitivo! —gritó—. ¡Está prohibido decir su nombre!

—¡Fuera! ¡Fuera! —se oía.

Pero Goya no oía bien. Entendió lo que pasaba y vio a la gente gritar. Pero casi no podía oír.

✶✶✶

Horas más tarde Goya fue al Palacio Real para llevarle un retrato a la reina. Era un retrato en el que había trabajado durante semanas. El pintor estaba muy contento con él y quería que los reyes, sobre todo la reina, lo vieran cuanto antes.

Un hombre acompañó a Goya a la oficina del rey. El pintor y el rey hablaron del retrato de la reina durante un rato. De repente un hombre entró a la oficina del rey sin llamar a la puerta.

—¿Qué pasa? —preguntó el rey molesto.

La ropa del hombre estaba sucia. Tenía el pelo fuera de lugar y la barba larga. Estaba cansado y tenía una expresión seria en la cara.

—Señor, vengo de París —dijo el hombre casi sin aire—. Los franceses cortaron la cabeza del rey Luis. Fue guillotinado en público hace seis días.

La expresión del rey cambió de repente. Se volvió muy serio y preocupado.

—¿Mi primo Luis? —preguntó en voz muy baja.

—Sí, señor —respondió el hombre.

SEGUNDA PARTE: 1807

CAPÍTULO 8
La invasión francesa

Quince años después Napoleón Bonaparte, el emperador de Francia, estaba en su palacio de París. Hablaba con sus soldados en voz alta. El emperador y sus soldados vestían el traje militar: botas negras altas, pantalones blancos y chaqueta azul. Napoleón, además, tenía varias medallas en la chaqueta.

—¡Los reyes de España son corruptos! —dijo el emperador.

—¡Sí! —gritaron los soldados.

—¡Los españoles son víctimas de sus propios reyes! —gritó de nuevo.

—¡Sí! —respondieron nuevamente los soldados.

—¡Los reyes deben morir! ¡La Santa Inquisición debe morir! ¡Los españoles no quieren a los reyes ni a la Santa Inquisición! —siguió Napoleón.

Los soldados escuchaban con atención. Estaban listos para luchar.

Finalmente, Napoleón dijo: —¡Luchemos contra los reyes de España! ¡Luchemos contra la Inquisición española! ¡Los madrileños os abrirán las puertas con flores y besos! Soldados franceses: ¡Todos a España!

Los soldados gritaron con alegría y dispararon al aire.

Pocos días después, los soldados franceses llegaron a España. La capital del país, Madrid, se convirtió en un lugar de luchas. Los franceses luchaban contra los españoles que defendían a los reyes y a la Inquisición. Los españoles luchaban contra los franceses. Hubo mucha sangre y muchos muertos. Muchos intelectuales españoles querían la ayuda de los franceses. Pero la mayoría de

españoles pensaba que los franceses eran invasores.

Goya, desde las ventanas de su estudio, veía las explosiones y el fuego. Pero ya no oía nada: estaba completamente sordo.

«Veo las explosiones» —pensaba—, «pero no puedo oírlas. Estoy sordo. Pero cada mañana doy gracias por poder ver lo que pasa en las calles de Madrid y así pintarlo todo: esas horribles luchas y muertes. Los franceses quieren traer a España sus ideas: libertad, igualdad, fraternidad. Por eso, José, el hermano de Napoleón, es ahora el rey de España».

El padre Gregorio y varios monjes estaban en la iglesia de la Santa Inquisición, un enorme edificio de techos muy altos y paredes de piedra. Había misa, una ceremonia en latín. Allí había cientos de personas. Un monje cantaba una oración en latín. De repente, unos soldados franceses entraron en la iglesia, a caballo.

—¿Quién es el jefe de este edificio? —preguntó uno de los soldados a caballo.

El padre Gregorio miró al soldado. Estaba muy

enfadado. Los caballos estaban prohibidos en la iglesia.

—¡Dios es el jefe de este lugar! —gritó el padre Gregorio.

El monje siguió cantando en latín.

Y de repente: —¡Pum, pum! El soldado mató al monje. El monje cayó al suelo. El padre Gregorio se levantó de su silla. La gente empezó a correr. Tenía miedo. El padre Gregorio y los demás monjes se quedaron cerca de sus sillas.

—¡La Inquisición se terminó! —gritó el soldado—. A partir de ahora todas las iglesias son del gobierno y no de la Inquisición. Además... ¡todos los prisioneros de la Inquisición tendrán libertad!

✴ ✴ ✴

En la prisión, una enorme puerta de madera se abrió y apenas unos segundos más tarde los prisioneros empezaron a salir. Poco a poco salieron de la prisión los hombres y mujeres que habían vivido allí durante tantos años.

Uno de los primeros hombres que salió a la calle corrió hacia los brazos de su familia. Una mujer, al salir por la puerta, se cayó al suelo: no había caminado en muchos años. Había mujeres, hombres e incluso niños. Entre las mujeres estaba Inés. Había estado quince años en la prisión y ahora era libre. Sus ropas eran viejas y estaban rotas y sucias. Su piel estaba seca. Su pelo era largo y gris y también estaba sucio. Tenía sangre en los pies y las piernas.

Al salir a la calle, cerró un poco los ojos. Allí había demasiada luz. Inés miró a su alrededor. Todo era distinto. La ciudad estaba llena de soldados a caballo. Había explosiones. Había mucho polvo. Había muertos en las calles. Inés no vio a su familia. Caminó por las calles de Madrid. Caminó durante horas y horas. Al fin, llegó a su casa: la mansión de los Bilbatúa.

La puerta de la casa estaba abierta. Inés entró en el edificio y miró a su alrededor. ¡Cómo había cambiado el lugar! Las habitaciones estaban vacías y llenas de polvo. No había muebles. Inés decidió subir a las habitaciones de arriba. Pero en las escaleras encontró a su familia: todos estaban muertos. Su padre, su madre y sus hermanos. Todos ellos, víctimas de las luchas. Pero Inés no lloró. Después de tantos años en la prisión, ya no sentía dolor. Salió del edificio y empezó a caminar por Madrid. Otra vez, caminó horas y horas. No sabía adónde ir. Los pies le dolían. Hacía muchos años que no caminaba.

Por la noche, decidió ir al estudio de Goya.

✳ ✳ ✳

Goya estaba pintando en su estudio. Era ya muy tarde. Muchos de sus amigos estaban muertos. Él estaba sordo. En los últimos años había visto cosas horribles. Ahora solo tenía la pintura. Su arte. Sus dibujos y retratos.

Llamaron a la puerta durante un largo rato. Finalmente, Goya oyó el ruido. Pensó que ya era muy tarde pero la abrió.

Era Inés.

Pero ella había cambiado mucho. El pintor no sabía quién era esa mujer de pelo gris y ropa sucia.

Goya sacó unas monedas de su bolsillo y se las dio.

—Toma estas monedas —dijo el pintor.

Inés empujó su mano y dijo que no con la cabeza.

—¡Toma las monedas! —dijo él.

De nuevo, ella dijo que no con la cabeza. De pronto, Inés vio su retrato en la pared del estudio de Goya. Lo señaló.

Al principio Goya no entendió. Pero luego sí. Luego vio que aquella mujer era Inés: Inés, la hija de Tomás Bilbatúa, la chica del retrato, era libre.

—Entra —dijo Goya.

Inés entró al estudio del pintor. Intentó hablar pero el pintor le dijo: —No oigo nada. Estoy sordo.

Inés se sentó en una silla. Estaba muy cansada. Goya le dio comida y bebida y ella comió y bebió muy rápido.

—¿Qué pasó? —preguntó Goya.

Goya tomó una pequeña pizarra y se la dio a Inés.

—Escribe aquí —le dijo el pintor.

Inés tomó la pizarra y lo escribió todo: la prisión, su casa, la muerte de su familia. Y finalmente anotó: 'Quiero encontrar a mi hija, quiero a mi niña, la necesito'.

El pintor estaba sorprendido. «¿Inés tuvo una hija?» —pensó.

—¿Tuviste una hija en la prisión? —preguntó.

'Sí' —anotó Inés en la pizarra—. 'Una niña. Quiero encontrar a mi hija. Por favor, ayúdame'.

Capítulo 9
La vuelta de Lorenzo Casamares

Goya fue al edificio del Santo Oficio. Quería hablar con alguien que le ayudara a encontrar a la hija de Inés. El pintor iba acompañado de su ayudante. Desde que había perdido el oído iba a todas partes con él.

Un hombre de traje oscuro abrió la puerta.

—Quiero hablar con alguien del Santo Oficio, por favor —dijo Goya, y le entregó la pizarra.

—El Santo Oficio ya no existe —escribió el hombre.

Goya se sorprendió. Sabía que habían cambiado mucho las cosas pero no tenía ni idea de que el Santo Oficio no existiera.

—¿Entonces, dónde están los sacerdotes? —volvió a preguntar el pintor.

—Unos murieron, otros escaparon —respondió el hombre.

—¿Quién es el jefe de la prisión? —preguntó de nuevo Goya.

—Los franceses. Napoleón es ahora la máxima autoridad. Él nombró al nuevo jefe de la prisión.

—Y, ¿dónde puedo encontrarlo? —preguntó Goya.

—En el tribunal. Allí lo podrá encontrar —fue la respuesta del hombre.

✷✷✷

Goya fue al tribunal en su precioso carruaje negro. Dentro del carruaje estaba Inés.

—Quédate aquí —le dijo el pintor a Inés—, vuelvo en poco tiempo.

—¡Cuide de ella! —le dijo al conductor.

—Así lo haré —dijo él. Pero Goya no lo oyó.

Goya entró en el tribunal. Era un edificio enorme, de ladrillo y con arcos. Estaba lleno de gente y Goya tuvo problemas para entrar a la sala principal. Allí se celebraba un juicio. La gente protestaba y gritaba.

—¡Silencio! ¡Silencio! —dijeron unos soldados franceses.

De repente entró en la sala un hombre vestido con un traje de noble francés: pantalones blancos, chaqueta oscura y zapatos con un poco de tacón. El hombre tenía el pelo largo, muy de moda en Francia. El hombre era el padre Lorenzo. Ahora se llamaba simplemente Lorenzo Casamares.

—¡Estoy aquí para defender las ideas de la revolución francesa! —dijo en voz alta Casamares.

—¡Viva! ¡Sí! ¡Justicia! —gritaba la gente.

Goya estaba sorprendido de ver allí al antiguo sacerdote, ahora noble franco-español.

—Las ideas de la revolución francesa son lógicas, únicas y universales —dijo Casamares.

—¡Bravo! ¡Queremos justicia! —seguía gritando la gente.

Los soldados franceses ponían orden en la sala.

—El hombre nace libre. Todos los hombres tienen los mismos derechos —dijo Casamares—. Aquellos en contra de la libertad del hombre, irán a prisión.

La gente gritaba, la mayoría a favor. Otros, en contra.

—¡Los enemigos de la libertad no tienen lugar en este país!

El padre Gregorio también estaba allí. Estaba sentado en una silla de madera y seda roja, en el centro de la sala.

—Padre Gregorio —dijo Casamares—, usted es el enemigo de la libertad en este país. Usted es el enemigo de España.

El padre Gregorio miró a Casamares. Tenía un aspecto cansado.

—Padre Gregorio, la decisión de este tribunal es la siguiente: como enemigo de la libertad, usted debe morir —dijo serio Lorenzo Casamares. Luego se dio la vuelta.

La gente gritaba de alegría: —¡Fuera! ¡La muerte para el padre Gregorio!

El padre Gregorio miró al suelo. Goya se acercó a Casamares.

—¡Goya! ¡Qué alegría verte! —dijo Casamares al ver al pintor.

Lorenzo Casamares invitó a Goya a que fuera a su oficina. Una vez dentro, Goya le preguntó: —¿Se acuerda del rico comerciante que le hizo firmar la confesión...?

—¿La confesión del orangután y el chimpancé? —preguntó Casamares, haciendo gestos.

Los dos hombres se rieron.

—¡Claro que me acuerdo! ¡Tomás Bilbatúa! —dijo Casamares, en voz muy alta— ese hombre me salvó la vida.

—¿De verdad? —dijo Goya.

—Sí, claro. Si no fuera por él, hoy yo no estaría aquí. Por él me escapé a Francia. Por él conocí las ideas de la revolución francesa —dijo Casamares muy alegre, casi gritando— ¿Dónde está Tomás Bilbatúa ahora? —preguntó.

—Tomás Bilbatúa murió —dijo Goya.

—¡Qué pena! —dijo Casamares.

—Pero su hija necesita ayuda —dijo el pintor.

—¡Por supuesto! Si puedo ayudarla, la ayudaré.

—De hecho... Inés está ahí fuera. Vino conmigo —dijo Goya.

—¡Estupendo! Dígale que entre —dijo Casamares, haciendo un gesto de invitación con la mano. El ayudante de Goya fue a buscar a Inés al carruaje.

—Soy un hombre distinto —dijo Casamares—. Cuando escapé a Francia, descubrí nuevas ideas. Y me casé.

Goya se sorprendió.

—Sí, sí... me casé... ¡Y hasta tengo tres hijos! ¡Ja, ja, ja! —se rió el hombre.

Goya también se rió.

Inés entró a la oficina de Casamares. Inés corrió hacia Casamares y le besó la mano.

Inés también estaba distinta. Era tan distinta que Casamares no supo quién era.

—¿Qué pasó con nuestra hija? —preguntó Inés— ¿Ella vive contigo?

Al principio, Casamares no entendió nada. Luego recordó su relación con Inés. Se puso muy serio. También triste. Luego preguntó: —¿Cuánto tiempo estuviste en la prisión?

—No lo sé —respondió ella.

—¿Y crees que tuviste una hija? —dijo él.

—Sí. Tuve una hija. Nuestra hija —dijo ella con una sonrisa.

Lorenzo Casamares no sonrió.

—¿Qué pasó con la niña? —preguntó.

—No lo sé. Me la quitaron al nacer —dijo ella.

Lorenzo Casamares se levantó. Caminó hacia la puerta de su oficina y la abrió. De allí salió un soldado francés. Casamares le dijo algo al oído. Luego el soldado francés se acercó a Inés y le dijo: —Ven conmigo. Te ayudaremos a encontrar a tu hija.

La puerta se cerró tras Inés y el soldado francés.

—¡Qué triste! —dijo Casamares—. Cuando una persona está en la prisión tanto tiempo... se vuelve loca. Inés cree que tuvo una hija. ¡Y que yo soy el padre! ¡Qué triste!

Goya lo miró con la cara seria.

—¿Adónde irá Inés? —preguntó el pintor.

—No se preocupe —dijo Casamares—. Cuidaré de ella.

Capítulo 10
La hija de Inés

Horas más tarde Lorenzo Casamares fue a la prisión. Quería hablar con el padre Gregorio. Urgentemente.

El padre Gregorio tenía mala cara. Estaba en el suelo, con las manos atadas a una cuerda. En la prisión había muy poca luz.

—Padre Gregorio —dijo Casamares—, si una mujer tuviera un hijo en la prisión, ¿qué pasaría con el hijo?

—¿Se trata del hijo de Inés Bilbatúa? —preguntó el padre Gregorio— ¿Se trata... de su hija, Lorenzo Casamares?

Casamares miró al suelo.

—Por favor —dijo el sacerdote—, si le digo dónde está su hija... ¿me pondría en libertad?

Casamares pensó por un momento. Luego dijo: —Sí. Le pondría en libertad.

—La hija de Inés está en el convento de las monjas —dijo el padre Gregorio.

Lorenzo Casamares fue al convento de las monjas. Quería encontrar a la hija de Inés. Quería encontrar a su hija.

El convento era un edificio blanco, de piedra, a las afueras de Madrid. Una monja vestida de blanco y negro, con una cruz en el cuello, le abrió la puerta.

La monja llevó a Casamares a una habitación donde había más monjas y un grupo de niñas vestidas de blanco. Una de las monjas se sentó a una mesa. Allí había un libro muy gordo y grande.

—¿Hay alguna niña aquí nacida en Madrid en el año 1793? —preguntó el hombre.

—Aquí no —dijo una monja.

—Pero en el libro sí hay una —dijo la monja que estaba sentada a la mesa—. Nació en la prisión del Santo Oficio.

—Y..., ¿dónde está ahora? —preguntó Casamares.

—Eso no lo sabemos. La niña se escapó cuando tenía once años. Tenía un carácter muy fuerte —dijo la monja.

—¿Cómo se llama esa niña? —preguntó Casamares.

La monja miró en el libro. Luego miró al hombre y dijo:
—Alicia. El nombre de la niña es Alicia.

✶✶✶

Era primavera y hacía buen tiempo. Goya fue a los Jardines del Prado, como solía hacer los días de sol. Mucha gente iba allí a pasear.

Goya se sentó en un banco del parque y sacó de su mochila una pequeña libreta y un lápiz. Comenzó a dibujar. Tras un rato en el parque, Goya vio a una chica muy guapa. Su cara le recordaba a alguien. La chica paseaba con una mujer mayor. Goya se acercó para observar a la joven. Ella se dio la vuelta y Goya la pudo ver mejor y vio que se parecía mucho a alguien que él conocía bien: ¡a Inés Bilbatúa! Se parecía tanto que el pintor pensó: «Esa chica tiene que ser la hija de Inés. ¡Son tan parecidas!».

—¡Alicia! ¡Alicia, ven aquí! —llamó la mujer a la chica. La chica siguió caminando.

Goya se acercó a la mujer.

—¿Quién es esa chica? ¿Cómo se llama? —preguntó Goya.

—Se llama Alicia. ¿Por qué quiere saberlo? —preguntó la mujer.

Goya empezó a correr. Quería irse del parque. Quería hablar con Inés y decirle: 'Encontré a tu hija'.

✦ ✦ ✦

Poco después de haber visto a la hija de Inés, Goya y el hombre de su servicio fueron a casa de Lorenzo Casamares. El pintor quería encontrar a Inés lo antes posible, y no quería que ser sordo fuera un problema. Su hombre de confianza lo asistía en la conversación.

Un hombre del servicio del noble abrió la puerta.

—¿Puedo ayudarle? —preguntó.

—Soy Goya —dijo el pintor—, necesito hablar con el señor Casamares ahora mismo.

El hombre del servicio acompañó a Goya a la oficina de Lorenzo.

Poco después, el noble entró a su oficina.

—¡Goya! —dijo mientras se acercaba al pintor.

—¡Lorenzo! —respondió Goya.

Los dos hombres se dieron la mano.

—¿En qué puedo ayudarlo? —preguntó el noble.

—Se trata de la hija de Inés. Existe. Es real. Yo mismo la vi. Necesito encontrar a Inés... ¿Adónde se la llevaron? —preguntó Goya.

Lorenzo Casamares miró al suelo. Estaba muy serio.

—¿Cómo sabes que es hija de Inés?

—Es idéntica a ella. Es igual a la Inés que yo pinté hace quince años. Idéntica, Lorenzo. Quiero encontrar a Inés. Debo encontrar a Inés.

—¿Dónde la viste? —preguntó Casamares.

—En los Jardines del Prado —dijo el pintor.

—¿Sabes su nombre? —preguntó de nuevo Casamares.

—Sí. Se llama Alicia —respondió Goya.

—Está bien —dijo Casamares—. Iré a buscar a Inés. La llevaré a tu estudio esta noche.

—Muchas gracias, Lorenzo, muchas gracias —dijo el pintor.

✶✶✶

Una hora después, Lorenzo Casamares fue a los Jardines del Prado en su carruaje. Quería ver si podía encontrar a Alicia. «Quizás Alicia todavía esté allí» —pensó.

Dio un par de vueltas en su carruaje. Fue al paseo central. Esperó allí un rato. Miró a la gente, pero no vio a nadie que se pareciera a Inés.

Pero de repente giró la cabeza y la vio: tan solo unos metros más lejos estaba la chica que se parecía a Inés. Llevaba una preciosa falda amarilla y una chaqueta blanca y roja. Tenía el pelo muy largo y negro, mucho más oscuro que el de Inés. Pero los ojos, la boca, la cara y las cejas eran iguales a los de Inés. «Tiene que ser ella» —pensó Casamares— «la verdad es que son idénticas».

Casamares se acercó a la chica.

—¿Cómo te llamas? —le preguntó.

—¿Por qué quieres saberlo? —preguntó ella.

—¿Te llamas Alicia? —dijo él.

—¿Quién eres? ¿Por qué razón sabes mi nombre? —dijo ella.

—¿Dónde naciste? —preguntó él.

—En la prisión del Santo Oficio. Luego fui a un convento... ¿Por qué me haces estas preguntas? ¿Quién eres? —preguntó Alicia.

—Quiero que te vayas de España. Vete a América —dijo él—. Te daré dinero si lo haces. Mucho dinero.

—¿Por qué? ¿Adónde? ¿Quién eres? —preguntó ella algo nerviosa.

—¡Quiero que te vayas de España! —gritó él.

Alicia se asustó y se marchó corriendo.

Casamares se enfadó, pero no pudo hacer nada.

✳✳✳

Por la noche, Lorenzo Casamares fue al estudio de Goya.

—Vi a Alicia, la hija de Inés —dijo Casamares.

—¿La viste? —preguntó el pintor.

—Sí. En los Jardines del Prado —dijo el noble.

—¿Dónde está Inés? ¿Está contigo? —preguntó Goya.

Lorenzo Casamares se puso serio.

—No, Inés no está conmigo. Inés está en un lugar seguro —dijo Casamares.

—Debemos ir a por ella —dijo Goya—, debemos hablar con ella y decirle que hemos visto a su hija.

—¡No! ¡No lo vamos a hacer! —gritó Casamares—. ¡Inés está loca! ¡Ella no puede cuidar de una hija!

—¡Inés no está loca! —gritó Goya—. ¡Inés no está loca!

—¡Sí está loca! —gritó de nuevo Casamares.

—¡Lorenzo! ¡Dime dónde está Inés! ¡Dímelo ahora mismo! —gritó Goya.

—¡Está loca! —gritó Casamares enfadado.

—¡¿Dónde está?! —gritó el pintor aún más enfadado.

—Está bien —dijo por fin el noble— Está en el asilo. El asilo de las afueras de Madrid.

Capítulo 11
Goya busca a Inés

Goya fue al asilo de las afueras de Madrid en su carruaje y el hombre de su servicio que escribía en la pizarra. El asilo era un edificio enorme, blanco, con pocas ventanas. Estaba en una montaña.

—Vengo a buscar a una mujer. Se llama Inés Bilbatúa —dijo Goya al director del asilo.

El director era un hombre de poca paciencia. Tenía el pelo gris y muy mal humor. Su trabajo era dirigir el asilo más grande de Madrid. No era un trabajo agradable. El director miró a Goya.

—¿Por qué la busca? —le preguntó.

—Ella es... una vieja amiga —contestó Goya.

—Le costará dinero —dijo el director.

—¿Dinero? ¿Por llevarme a una paciente? —preguntó Goya. No se lo podía creer.

—¡Sí! Tengo mucho trabajo y muchos problemas. ¡Y necesito el dinero! —gritó el director—. Así que, si quiere a Inés Bilbatúa... ¡deberá pagar mil reales!

—¡Le daré quinientos! —dijo Goya.

—Está bien, quinientos reales —dijo el director—. Ahí la tiene.

El director señaló hacia una habitación con la cabeza.

Goya entró a esa habitación. Allí estaba Inés, muy cansada y triste. Su ropa estaba sucia. Tenía frío. Inés miró hacia la puerta y vio a Goya.

—¡Inés! —gritó el pintor—. ¡Vine a buscarte! ¡Encontré a tu niña! ¡Tu hija!

Inés corrió hacia el pintor y lo abrazó.

—¿Mi hija? —dijo ella llorando.

—Sí, Inés, tu hija —contestó Goya.

∗∗∗

Goya, su ayudante e Inés llegaron a la taberna en el carruaje del pintor. El pintor se bajó del vehículo.

—Espérame aquí —le dijo Goya a Inés—. Volveré en unos minutos.

—Está bien —dijo Inés.

La taberna era un lugar alegre, con mucha gente joven. Había muchas mesas con comida y bebida típica de Castilla. En una de las mesas estaba Alicia, con unas amigas. Alicia tenía un bebé en sus brazos.

Goya caminó hacia ella.

—¿Eres Alicia? —preguntó.

—Sí —dijo ella, gritando porque había mucho ruido.

—¿Es tu bebé? —preguntó de nuevo el pintor.

—No. Es de ella —dijo Alicia señalando a una amiga con la cabeza.

—Quiero que vengas conmigo —dijo Goya—. Quiero que conozcas a alguien.

—¿A quién? —preguntó Alicia.

—Nunca conociste a tu madre, ¿verdad? —dijo el pintor.

De repente, unos soldados franceses entraron en la taberna. Todo el mundo empezó a correr. Goya y su ayudante se quedaron allí, pero mucha gente se fue. Alicia puso al bebé debajo de la mesa y luego se fue corriendo. Goya y su ayudante fueron tras ella. El bebé empezó a llorar.

—¡Alicia! ¡Espera! —gritó Goya.

Inés, cansada de esperar en el carruaje de Goya, entró a la taberna. Buscaba a Goya, pero no lo vio. Oyó a un bebé. El bebé lloraba. Ella lo buscó. El bebé lloraba más y más. Al final, Inés miró debajo de la mesa, vio al bebé y lo tomó en sus brazos.

—¡Mi bebé! —dijo llorando—. ¡Es mi bebé!

Goya volvió a la cantina. No encontró a Alicia. El pintor vio a Inés con el bebé y le dijo: —Vámonos, Inés.

CAPÍTULO 12
Los ingleses en España

Al día siguiente, Goya fue a la casa de Casamares. Quería hablar de Inés y de Alicia. La última vez que los dos hombres hablaron, tuvieron una discusión. Por eso, el pintor estaba algo nervioso. Casamares también estaba nervioso, pero no por tener que hablar de Inés y Alicia. Estaba nervioso por la situación política en España. Los ingleses habían entrado en Portugal y también querían entrar en España. Los ingleses eran enemigos de los franceses. Casamares, ahora noble franco-español, estaba en peligro.

—Lo mejor es enviar a Alicia a América —dijo Casamares.

—Pero, ¿por qué? —preguntó el pintor.

—Inés no está bien. Ella no puede cuidar de Alicia —dijo el noble—. Además, ¿qué quieres decirle a Alicia? ¿Encontré a tu madre y... está loca? Francisco, ¡no podemos hacer eso!

—Lorenzo... ¡tú no quieres que se conozcan! ¡No quieres que Inés esté con su hija! ¡Tu hija! —gritó el pintor.

De repente, un hombre del servicio de Casamares entró en la sala.

—Señor... —dijo el hombre.

—¿Qué quieres? ¡Ahora no puedo hablar! —dijo Casamares enfadado.

—Es urgente, señor —dijo el hombre—. Los ingleses entraron a España. Vienen a Madrid.

—¿A Madrid? —preguntó Casamares.

—Sí, señor —dijo el hombre.

Goya se sorprendió por la noticia. Miró a Casamares y lo vio muy serio.

—¿Y el rey? —preguntó el noble.

—El rey ya se fue del país —dijo el hombre—. Hace unas dos horas.

✦ ✦ ✦

Lorenzo Casamares subió rápidamente a las habitaciones. Goya se fue a su casa. Casamares hizo las maletas. Llamó a su mujer y a sus tres hijos y les dijo:
—Nos vamos de Madrid.
Su mujer lo miró sorprendida.

—¿Ahora mismo? —preguntó su mujer.

—¡Ahora mismo! —gritó Casamares—. ¡Rápido!

Apenas una hora más tarde, la familia Casamares se fue de Madrid. La mujer y los niños del noble viajaban en el carruaje de la familia, Lorenzo Casamares, tras ellos, viajaba a caballo.

✦ ✦ ✦

Hacía mucho calor. Las tropas inglesas habían viajado muchas horas desde Portugal. Querían echar a los franceses de España porque no querían que los franceses tomaran más poder en Europa. Los españoles también querían que los franceses se fueran de su país, así que muchos soldados españoles lucharon con las tropas inglesas.

Las tropas francesas habían salido de Madrid hacía apenas unas horas. Sabían que los ingleses querían llegar a la capital y querían sorprenderlos a medio camino.

De repente, en un valle, entre dos montañas, se encontraron todos: a un lado, los ingleses y españoles. A otro lado, los franceses.

Los soldados empezaron a luchar. La lucha fue horrible. Hubo muchos muertos y mucha sangre. Se oyeron gritos y ruidos de caballos y armas de fuego.

De pronto, el carruaje de la familia Casamares y el propio Casamares a caballo llegaron al valle donde las tropas luchaban.

Casamares le dijo al conductor del carruaje: —¡Da la vuelta! ¡Rápido, da la vuelta!

El noble dio la vuelta a su caballo pero se cayeron los dos al suelo. El carruaje sí pudo dar la vuelta y poco a poco se escapó. Los soldados españoles vieron a Casamares y fueron a buscarle. Casamares los vio e intentó levantar al caballo, pero no pudo.

—¡Levántate! —le gritaba al animal—. ¡Levántate!

Pero ya era demasiado tarde. Los soldados españoles estaban demasiado cerca.

—¡Levántate! —gritó de nuevo—. ¡Levántate!

Tan solo unos segundos más tarde, los soldados lo detuvieron.

Lorenzo Casamares miró atrás y vio como el carruaje de su familia se escapaba.

* * *

Al día siguiente, los soldados españoles e ingleses fueron a la prisión y dieron la libertad a muchos presos. Uno de los presos fue el padre Gregorio.

—¡Gracias, hijos míos! —dijo—. Muchas gracias.

El padre Gregorio estaba ahora muy mayor y cansado

pero enseguida volvió a su trabajo de antes.

Uno de los primeros trabajos que tuvo fue el juicio de Lorenzo Casamares.

El padre Gregorio y varios monjes y sacerdotes estaban en el tribunal del Santo Oficio. En el centro de la sala estaba Lorenzo Casamares, sentado en una gran silla roja. Casamares miraba hacia el suelo.

—Hermano Lorenzo —dijo el padre Gregorio—, espero que entiendas que tus ideas van en contra de la iglesia.

Casamares no se movió. No dijo nada. El padre Gregorio siguió hablando: —La iglesia opina que debes morir.

Los hombres de la sala comenzaron a hablar.

—¡Silencio! —gritó el padre Gregorio—. Hermano Lorenzo —dijo—, si pides perdón y te unes de nuevo a la iglesia, la iglesia te perdonará. Si, por el contrario, no pides perdón, morirás.

Hubo silencio en la sala. Luego, Lorenzo Casamares, miró al padre Gregorio y dijo: —¡No! ¡Jamás pediré perdón!

CAPÍTULO 13
El fin de Lorenzo Casamares

En la Plaza Mayor de Madrid se reunieron cientos de personas. Allí había niños corriendo y jugando, mujeres y hombres, soldados y muchos monjes. También estaba Inés con el bebé que había encontrado en la taberna, debajo de la mesa. Ella pensaba que ahora ese era su bebé. Unos pasos más allá, estaba Goya. Todos estaban enfrente del palacio, un precioso edificio naranja y blanco, con enormes telas rojas en los balcones. Allí había muchos nobles y en el balcón del medio estaba el rey.

En el centro de la plaza, había un escenario de madera. Allí iba a morir Lorenzo Casamares.

Unos sacerdotes entraron a la plaza. Llevaban a Casamares en un carruaje.

—¡Fuera! —gritaba la gente— ¡La muerte para Casamares!

Los monjes, con Casamares, llegaron al centro de la plaza.

—¡Lorenzo! ¡Lorenzo! ¡Aquí! —gritaba Inés.

Goya miró a Inés. No dijo nada.

—¡Fuera! —gritaba la gente— ¡La muerte para Casamares!

—¡Pide perdón! —decían unos monjes.

Unos monjes hicieron que Casamares se bajara del carruaje. Luego, lo ayudaron a subir al escenario. Una vez allí, lo sentaron en el garrote vil*.

—¡Lorenzo! ¡Lorenzo! —gritó Inés.

Casamares miró a Inés. Ella sonrió. Luego, Lorenzo miró hacia Goya. El pintor dibujaba todo lo que pasaba.

Los monjes rezaban.

---

* Garrote vil: máquina que se usaba en España en el siglo diecinueve con los condenados a la pena de muerte.

De repente, la gente de la plaza miró al balcón del rey. El rey levantó la mano. Y los sacerdotes mataron a Lorenzo.

Poco después, los monjes pusieron el cuerpo de Lorenzo Casamares en el carruaje. El rey se fue del balcón y entró en el palacio. La gente se fue de la plaza. Inés siguió al carruaje. Unos pasos más atrás, Goya también empezó a caminar.

LOS FANTASMAS DE GOYA, LOS ACTORES

Natalie Portman y Javier Bardem son los dos actores protagonistas de *Los fantasmas de Goya*. ¿Cómo fue su experiencia en la película?

Sobre trabajar con el director

«Cuando el director Milos Forman me llamó, ¡pensé que era una broma!, es una persona a quien respeto mucho. Luego me habló de este proyecto y pensé que yo iba a ser Goya, porque soy español. Pero me ofrecieron el papel de Lorenzo y lo acepté. Me pareció un desafío».

Javier Bardem

Natalie Portman

Sobre la época de la Inquisición española...

«No conocía este periodo de la historia de España pero leí mucho antes de hacer la película. Me parece una época muy interesante, llena de miedos y peligro. ¡No me hubiera gustado vivir en esa época!».

Sobre sus personajes...

Javier: «Es un hombre con carácter y de ideas fuertes. Tiene pasión. Lucha por lo que cree. Durante la historia cambia de opinión pero siempre lucha por sus ideas. Sus enemigos son los que no creen en sus ideas».

Natalie: «Inés es la hija de un rico comerciante, muy amigo de Goya. La relación que ella tiene con el pintor es muy inocente: el pintor admira su belleza y a ella le gusta flirtear con él... hasta que su vida cambia de repente».

Natalie: «Para hacer de Alicia, miré mucho flamenco: los bailarines de flamenco tienen fuerza y carácter. Alicia es una chica así, con fuerza y carácter».

Sobre trabajar juntos...

Javier

«Natalie es una actriz muy inteligente y me daba miedo trabajar con ella. ¡Es tan joven y sin embargo tiene tanta experiencia! Al principio me sentí muy tímido».

Natalie

«Javier es uno de los mejores actores del mundo y tenía un poco de miedo antes de trabajar con él. Pero cuando empezamos, enseguida vi que es una persona muy sencilla. Fue muy fácil trabajar con él».

¿Conoces otras películas de Natalie Portman o Javier Bardem? ¿De qué tratan?

¿Qué significan estas palabras? Puedes usar el diccionario.
la época   la belleza   flirtear   la fuerza   la pasión

GOYA, LA VIDA DE UN GENIO

En la película *Los fantasmas de Goya*, se sabe que el pintor es amigo de los reyes y de otra gente importante pero, ¿cómo fue su vida?

Goya, el joven pintor

Goya nació en Zaragoza, España, en el año 1746, en una familia de clase media. Su padre era un artesano: era maestro dorador*.

Goya empezó a estudiar arte en la Academia de Dibujo de Zaragoza cuando tenía trece años, algo más tarde de lo normal. La familia pasó por dificultades económicas y Goya tuvo que ayudar en el estudio de su padre para ganar más dinero.

Goya se presentó a dos concursos de la Real Academia de Bellas Artes de San Fernando, una escuela de arte con mucho prestigio. El premio era precisamente el gran sueño de Goya: un viaje a Roma. Pero Goya no ganó. Así que pensó en un plan: trabajar mucho, ahorrar dinero y viajar a Italia por sus propios medios. Dos años más tarde, Goya empezó su viaje por Italia.

Bienvenido a Palacio

En el año 1773 Goya volvió a España. Durante dos años, pintó frescos en

Autorretrato del pintor, alrededor de 1790.

varias iglesias. Luego se fue a Madrid.

Allí pasó muchos años aprendiendo de los grandes maestros de la época. Durante ese periodo también conoció a muchos nobles y gente rica. Algunos le pidieron que pintara sus retratos. Goya descubrió que tenía mucho talento para los retratos. Gracias a su talento y a sus amistades entre la gente importante, Goya consiguió un trabajo excelente: el de subdirector de Pintura de la Academia de San Fernando.

En el 1789, cuando Carlos IV se convirtió en rey, Goya se convirtió en el pintor oficial de los reyes.

* Maestro dorador: persona que decoraba con pintura de oro las esculturas y muebles de la iglesia.

Autorretrato del pintor en 1773.

La enfermedad

El año 1792 fue un año importante para Goya. Tuvo una misteriosa enfermedad y se quedó sordo. A partir de entonces, su carácter y personalidad cambiaron: se puso más serio y a menudo se enfadaba.

¿Pintor o periodista?

«Hacer que todo el mundo siga el mismo camino y la falta de libertad son cosas malas para los jóvenes artistas», dijo Goya.

A él no le gustaba nada que todo el mundo pintara igual.

Además, en España estaban pasando muchas cosas injustas. Con los retratos de nobles, reyes y sacerdotes se ganaba dinero. Pero a él le interesaba dibujar y pintar todas las cosas horribles que pasaban en España: torturas, violencia, desastres, ejecuciones...

Goya fue uno de los artistas que pintó más eventos históricos de la historia de su país. Cuando la Inquisición y la monarquía volvieron al poder en España, Goya se fue a Francia, donde murió en el año 1828.

¿Qué época de la vida de Goya te parece más interesante? ¿Por qué?

Los fusilamientos del tres de mayo de 1808, una pintura famosa de Goya.

¿Qué significan estas palabras? Puedes usar el diccionario.
el grabador   el artesano   el fresco   real   la tortura   la ejecución   el cronista

LA INQUISICIÓN ESPAÑOLA

Lorenzo Casamares muere en el garrote vil. Su crimen es ir en contra de la Inquisición y defender la libertad, la igualdad y la fraternidad. ¿Era la Inquisición el peor enemigo? ¿Qué fue realmente?

¿Quién inventó la Inquisición española?

La Inquisición fue una institución creada en el año 1478 por los Reyes Católicos: Fernando II de Aragón e Isabel I de Castilla. Aragón y Castilla eran dos reinos distintos en un mismo país. Cuando los reyes se casaron, España pasó de ser un país medieval y dividido a ser un país unido, grande y poderoso. Después de la boda, los reyes conquistaron las regiones del sur que antes eran árabes. Así se formó España.

Los reyes eran muy católicos y querían que España y todos sus territorios también fueran católicos. Por eso crearon la Inquisición.

¿Qué era la Inquisición?

La Inquisición era un tribunal. Estaba formado por un grupo de los monjes y sacerdotes más importantes de España. La Inquisición estaba por debajo de la monarquía. Su trabajo era el de estar seguros de que todos los españoles fueran católicos. Cuando los Reyes Católicos conquistaron España, en algunos territorios había gente que no era católica: era árabe, protestante, luterana o judía. Para la Inquisición, estas personas eran herejes.

Los castigos

La Inquisición castigaba a los herejes. También castigaba a la gente que leía libros prohibidos, sobre todo libros de Europa, con ideas liberales y cultas; castigaba a los traductores de libros escritos en hebreo o árabe, a la gente supersticiosa, la gente que se casaba con más de una persona, la que practicaba brujería, la que decía palabrotas...

hacía el juicio y se decidía si la persona era inocente o culpable. ¡Y casi siempre era culpable! Al final, se castigaba al culpable.

Los castigos eran horribles. Los más ligeros eran la tortura, la cárcel o vivir fuera del país. Los peores eran la muerte en el fuego o en el garrote vil . Todas las muertes se hacían en una plaza y con público.

La Inquisición se acabó en el año 1834.

Los fantasmas de Goya empieza en el año 1792, ¿sabías que ese año se inventó la guillotina?

El proceso era el siguiente: la Inquisición acusaba a una persona y el acusado iba a la cárcel para esperar su juicio. A veces, como en el caso de Inés Bilbatúa en *Los Fantasmas de Goya*, la gente se pasaba muchos años esperando un juicio. Luego se

Imagina que vives en el siglo dieciocho. ¿Qué preferirías ser: rey, noble, comerciante, pintor o sacerdote? ¿Por qué?

¿Qué significan estas palabras? Puedes usar el diccionario.
el reino   el hereje   el castigo   acusar   la brujería   la palabrota   ser culpable

Capítulos 1 a 4

Antes de leer

Usa el diccionario para esta sección.

1 Completa la frase con la palabra correcta.

carruaje   cuerda   enemigo   taberna

a) Si quieres comer y beber, puedes ir a una ... .

b) Si luchas contra un hombre, él es tu ... .

c) Un ... es un medio de transporte con ruedas y caballos.

d) Una ... es un hilo muy grueso para colgar cosas.

2 Elige la mejor palabra para cada definición.

pincel   pintura   retrato   posar

a) Una pintura o fotografía de una persona se llama así.

b) Si haces esto, te quedas mucho tiempo quieto mientras un artista te dibuja.

c) Es una tela sobre la que hay un dibujo.

d) Es el instrumento del pintor para pintar.

3 Relaciona: ¿cómo llamas a...

la bruja   el fantasma   el sacerdote

a) una mujer con poderes extraordinarios?

b) la imagen de una persona muerta?

c) el hombre religioso que vive en la iglesia?

4 Elige la mejor opción.

la cruz   castigar   espiar   rezar

a) Si estás en una iglesia cristiana ves:
    i) una estrella de David.
    ii) una cruz.

b) Si haces algo mal,
    i) te van a castigar.
    ii) lo van a celebrar.

c) Si quieres obtener información secreta,
    i) puedes espiar a la gente.
    ii) puedes hablar con la gente.

d) Si quieres hablar con Dios,
    i) debes escribir una carta.
    ii) debes rezar.

5 Lee el apartado 'Gente y Lugares' de las páginas 4 y 5.

   a) ¿Qué personajes crees que serán enemigos?

   b) ¿Qué dos personajes se parecen fisicamente?

Después de leer

6 Responde a estas preguntas.

   a) ¿Por qué los sacerdotes deciden espiar a la gente?

   b) ¿Qué celebran Inés y sus hermanos en la taberna?

   c) ¿Por qué Inés no quiere comer cerdo?

   d) Según los monjes de la Inquisición, ¿por qué no come cerdo Inés?

   e) ¿Quién paga el retrato del padre Lorenzo?¿Por qué?

   f) ¿Quién visita a Inés en la prisión?

7 ¿Qué piensas?

   a) ¿Crees que el padre Lorenzo ayudará a Inés a salir de la prisión?

Capítulos 5 a 9

Antes de leer

Usa el diccionario para esta sección.

8 Elige la mejor palabra para cada definición.

   a) Un hombre que no oye nada es sordo / ciego.

   b) Los monjes viven en el monasterio y las monjas en la iglesia / el convento.

   c) El rey es más poderoso que el marqués pero menos poderoso que el oficial de policía / el emperador.

   d) Para escuchar hablar al sacerdote debes ir a la misa / la fiesta.

   e) Cuando sale de la prisión, una persona queda en soledad / libertad.

Después de leer

9 Tomás Bilbatúa invita a cenar a Goya y al padre Lorenzo. ¿Cuál es su objetivo? ¿Qué hará Tomás si el padre Lorenzo no ayuda a Inés?

10 Corrige las oraciones

   a) Goya invita a cenar al padre Lorenzo a su casa.

   b) El padre Gregorio no acepta la donación de Tomás Bilbatúa.

   c) El padre Lorenzo saca a Inés de la prisión.

d) Los monjes visitan a Goya para preguntar por Inés.

e) Los soldados franceses visitan Madrid de vacaciones.

f) Lorenzo Casamares todavía es sacerdote.

11 ¿Quién es Napoleón? ¿Cuáles son las tres ideas principales de la Revolución Francesa?

Capítulos 10 a 13

Antes de leer

12 Elige la mejor opción.

  a) Un conjunto de soldados es:

    i) un desfile.

    ii) una tropa.

  b) Una mujer religiosa se llama:

    i) monja.

    ii) bruja.

  c) El lugar para enfermos mentales es:

    i) el hotel.

    ii) el asilo.

  d) Actualmente, antes de enviar a una persona a prisión se hace:

    i) un juicio.

    ii) una entrevista.

13 ¿Qué piensas?

  a) Goya y Lorenzo saben sobre la hija de Inés. ¿Crees que la buscarán?

Después de leer

14 Ordena estas oraciones

  a) Goya ve a Alicia en los jardines.

  b) Los soldados franceses entran a la taberna.

  c) Los soldados españoles detienen a Casamares.

  d) El padre Gregorio le dice a Casamares dónde encontrar a Inés.

  e) Goya ve a Alicia con un bebé en los brazos.

15 Imagina que eres un pintor famoso como Goya. ¿Preferirías pintar momentos históricos, retratos o paisajes? ¿Por qué?